Ficha Catalográfica
(Preparada na Editora)

Xavier, Francisco Cândido, 1910-2002.

X19t   Todo dia : noite / Francisco Cândido Xavier / Espíritos Diversos. Araras, 1ª edição, IDE, 2015.

192 p.

ISBN 978-85-7341-659-6

1. Espiritismo 2. Mediunidade - Pensamentos I. Espíritos Diversos. II. Título.

CDD-133.9
-133.91

Índice para catálogo sistemático:
1. Espiritismo 133.9
2. Mediunidade: Espiritismo 133.91

Todo Dia

- NOITE -

ISBN 978-85-7341-659-6
1ª edição - maio/2015
7ª reimpressão - maio/2024

Copyright © 2015,
Instituto de Difusão Espírita - IDE

Conselho Editorial:
Doralice Scanavini Volk
Wilson Frungilo Júnior

Produção e Coordenação:
Jairo Lorenzeti

Capa:
César França de Oliveira

Revisão de texto:
Mariana Frungilo Paraluppi

Diagramação:
Maria Isabel Estéfano Rissi

Parceiro de distribuição:
Instituto Beneficente Boa Nova
Fone: (17) 3531-4444
www.boanova.net
boanova@boanova.net

Instituto de Difusão Espírita - IDE
Rua Emílio Ferreira, 177 - Centro
CEP 13600-092 - Araras/SP - Brasil
Fones (19) 3543-2400 e 3541-5215
CNPJ 44.220.101/0001-43
Inscrição Estadual 182.010.405.118
www.ideeditora.com.br
editorial@ideeditora.com.br

Todos os direitos reservados. Nenhuma parte desta publicação pode ser reproduzida, armazenada ou transmitida, total ou parcialmente, por quaisquer métodos ou processos, sem autorização do detentor do copyright.

CHICO XAVIER

Todo Dia

- NOITE -

ide

Apresentação

Chico Xavier, o grande médium e apóstolo do bem, nos legou reais e insofismáveis ensinamentos de caridade, desprendimento, humildade e exemplos de imensurável amor ao próximo.

Através de seu trabalho mediúnico, propiciou-nos também vastíssima quantidade de comunicações vindas do Plano Espiritual, sempre a nortear-nos os passos em direção à paz e à felicidade.

Neste livro, publicamos pequenos trechos de diversas obras de sua autoria mediúnica, com o singelo e despretensioso objetivo de proporcionar ao leitor, a qualquer momento do dia, um breve instante de reflexão, meditação e oração.

Alegria da prece

Os Espíritos sempre disseram: "A forma não é nada, o pensamento é tudo. Orai, cada um, segundo as vossas convicções e o modo que mais vos toca; um bom pensamento vale mais que numerosas palavras estranhas ao coração."

("O Evangelho Segundo o Espiritismo", Cap. 28,
Coletânea de Preces Espíritas, IDE Editora.)

Sugestão para a noite

Minha alma vai se encontrar por um instante com os outros Espíritos. Que aqueles que são bons venham me ajudar com os seus conselhos. Meu anjo guardião, fazei com que, ao despertar, eu conserve deles uma impressão durável e salutar.

("O Evangelho Segundo o Espiritismo", Cap. 28, Coletânea de Preces Espíritas, IDE Editora.)

Pai Nosso que estais nos Céus,
santificado seja o vosso nome!
Venha o vosso reino!
Seja feita a vossa vontade,
na Terra, como no Céu!
Dai-nos o pão de cada dia.
Perdoai as nossas dívidas como
nós as perdoamos àqueles
que nos devem.
Perdoai as nossas ofensas
como perdoamos àqueles que
nos ofenderam.
Não nos abandoneis à tentação,
mas livrai-nos do mal.
Assim seja.

("O Evangelho Segundo o Espiritismo", Cap. 28,
Coletânea de Preces Espíritas, IDE Editora.)

1

"

O mal de agora pode ser simplesmente um véu de sombra ocultando o bem de amanhã.

"

2

"

Regozijemo-nos pela felicidade de já albergar conosco o desejo sadio de nos educarmos e, toda vez que o desânimo nos atire ao chão da dificuldade, levantemo-nos, tantas vezes quantas forem necessárias, para o serviço do bem, na certeza de que não estamos sozinhos.

"

3

"

Não receies. Atende
Ao dever que abraçaste.
Nem sempre acertarás,
Mas corrige-te e anda.

"

4

"

Se o desânimo procura
Mergulhar-te na amargura,
Não duvides, meu irmão,
Que a vida, por toda parte,
É nova luz a buscar-te.

"

5

"

Recorda que o Senhor espera por tua boa vontade e por teus braços para responder com a paz e com a esperança aos que te cercam.

"

6

"

Cultive o contentamento de sempre ofertar o melhor que possa.

Não estrague, entretanto, os seus benefícios com a exigência da gratidão.

"

7

"

Aprendamos a respeitar o próximo e auxiliá-lo, na convicção de que, amparando os nossos irmãos de caminho, auxiliaremos a nós mesmos.

"

8

"

Fale como julgue melhor. Ouça, porém, com apreço a palavra do próximo, qualquer que ela seja.

"

9

"

Caridade no olhar.
Caridade no gesto.
Caridade na voz.
Caridade na referência.
Caridade na opinião.
Caridade no trabalho.
Caridade na atitude.
Onde estejamos, peçamos a ela nos sustente e dirija.

"

10

"

Colabore na construção do bem.
Mas não crie dificuldades na obra a realizar.

"

11

"

Recordemos o olhar compreensivo e amoroso de Jesus, a fim de esquecermos a viciosa preocupação com o argueiro que, por vezes, aparece no campo visual dos nossos irmãos de experiência.

"

12

"

Se você deseja auxílio eficiente, tanto quanto possível, dê auxílio completo aos outros, sem desajudar a ninguém.

"

13

"

Seja onde for, abençoa para que a bênção dos outros te acompanhe.

Todas as criaturas e todas as coisas te respondem segundo o toque de tuas palavras ou de tuas mãos.

"

14

"

Exalte o bem.
Entretanto, não destaque o mal.

"

15

"

Teu lar é um ponto bendito do Universo em que te é possível exercer todas as formas de abnegação a benefício dos outros e de ti mesmo, perante Deus. Pensa nisso e o amor te iluminará.

"

16

"

Acostumemo-nos a servir e abençoar sem esforço, tanto quanto nos apropriamos do ar, respirando mecanicamente. Compreender por hábito e auxiliar aos outros sem ideia de sacrifício.

"

17

"

Convence-te de que não existem males eternos.

Toda dor chega e passa.

O dia é sempre novo para quem trabalha.

Não conserves ressentimentos.

A desilusão de agora será bênção depois.

"

18

"

Reflitamos na parcela de influência e de ação que impomos à vida, na pessoa dos semelhantes, porque de tudo o que dermos à vida a vida também nos trará.

"

19

"

Não é a dádiva de tua abastança ou o valor de tua cultura que importam no serviço de elevação e aprimoramento da paisagem que te rodeia.

É o modo com que passas a exprimi-los, cedendo de ti mesmo naquilo que o Senhor te emprestou para distribuir.

"

20

"

Ante as faltas de amor, alma querida,
Não te dês à censura sempre vã
Que o teu dia de amor incompreendido
Talvez chegue amanhã.

"

21

"

Começa, aceitando a própria vida tal qual é e procurando melhorá-la com paciência.

"

22

"

A alegria que proporcionas a uma criança pode criar nela a inspiração do bem para a vida inteira.

"

23

"

Penúria e riqueza, na essência, não constam dos elementos que possuímos, mas do sentimento que nos possui.

"

24

"

Ante os problemas alheios,
Não te dês a criticar,
No fundo de cada vida,
Só Deus consegue enxergar.

"

25

"

Em qualquer dificuldade ou impedimento, não te esqueças de usar um pouco mais de paciência, amor, renúncia e boa vontade, em favor de teu próprio bem-estar.

"

26

"

Todos somos filhos de Deus e, nessa condição, de um modo ou de outro, carecemos de Seu Amparo Divino.

"

27

"

Um gesto de simpatia convocará a solidariedade em nosso favor.

Estendamos a luz da boa vontade a alguém e o auxílio de muitos virá ao nosso encontro.

"

28

"

Mudanças, aflições, anseios, lutas, desilusões e conflitos sempre existiram no caminho da evolução; por isso mesmo, o mais importante não é aquilo que aconteça, e sim, o seu modo de reagir.

"

29

"

Verifica o que fazes com as próprias palavras.

Por elas e com elas, é que operas em ti e por ti mesmo, em teu favor ou em teu prejuízo, a paz ou a discórdia, o bem ou o mal, a treva ou a luz.

"

30

"

De tudo quanto se dá
O tempo entrega de volta.

"

31

"

Faze o bem do bem que tenhas — ensina o senso comum —,

Do contrário, o bem que guardas

Não te fará bem algum.

"

32

"

Não nos renovaremos em Cristo se permanecermos nas armadilhas de sombra da esfera transitória.

Para elevar a própria vida, é necessário gastar muitas emoções, aparar inúmeras arestas da personalidade, reajustar conceitos e combater sistematicamente a ilusão.

"

33

"

Anota os próprios impulsos,
Ideias, votos e indícios;
A vida é assim qual espelho:
Reflete-nos tais quais somos.

"

34

"

Em qualquer momento de crise, pensa nos irmãos outros que te cercam — tão filhos de Deus quanto nós mesmos — e coopera na paz de todos.

"

35

"

O amor verdadeiro é aquele que Jesus exemplificou: aquele que se doa com sentido e espírito de sacrifício, para que a pessoa amada se faça feliz, pois toda vez que nós desejamos algo de alguém, ou que nosso amor pede algo de alguém, ele tem sempre matizes de egoísmo.

"

36

"

Perante os problemas de julgamento, onde estejas, usa a compreensão antes de tudo, por presença da caridade.

"

37

"

Lancemos pensamentos de paz e bondade, compreensão e auxílio ao redor de nós mesmos.

"

38

> Pensemos com base no amor — no amor que Jesus nos ensinou — e teremos a chave para a felicidade comunitária no Grande Amanhã.

39

"

Em Deus, a alegria perfeita.
Em ti, o privilégio de sorrir,
encorajando os outros.

"

40

"

Muitas são as calamidades que assolam ainda o mundo. Entretanto, pensa em Deus quando o pessimismo te fale em destruição.

"

41

"

Não interrompa os seus passos, no serviço do bem, porque justamente na execução das suas próprias ocupações é que os Mensageiros de Deus encontrarão os meios de trazerem a você o socorro preciso.

"

42

"

Dizem que, após o Calvário,
À noite, nas horas mudas,
Embora chorasse o filho,
Maria orava por Judas.

"

43

> Depois da morte é que a gente
> Anota com agonia
> Que não fez claramente
> Todo o bem que podia.

44

"

Fujamos das sombras densas e das guerras escuras do nosso próprio "eu", devotando-nos ao serviço de Deus, na pessoa e nos círculos dos nossos semelhantes.

"

45

"

Se vires chaga ou lama,
Cala-te, faze o bem,
asserena-te e ama,
Planta alegria e paz.

"

46

"

Não se confia a enxada ao lavrador para a exaltação da ferrugem, nem se entrega a máquina ao operário a fim de que se louve a preguiça.

"

47

"

Se os acontecimentos não são aqueles que nos favorecem segundo a nossa própria expectativa, então é preciso trabalhar mais e esperar mais.

"

48

"

Cada criatura tem o seu drama, a sua aflição, a sua dificuldade e a sua dor.

Antes de julgar, busca entender o próximo e compadece-te, para que a tua palavra seja uma luz de fraternidade no incentivo do bem.

"

49

"

Quando você não possui aquilo que deseja, você pode valorizar aquilo que tem.

"

50

"

Esqueçamos o mal e abracemos o bem na certeza de que somente em Cristo conseguiremos atingir a vitória da luz com a luz de nossa própria renovação.

"

51

"

Se a enfermidade age nas células que permanecem a teu serviço, confia-te ao pensamento reto.

Nunca te entregues à revolta, ao desalento ou à indisciplina.

Esse trio de sombras te isolaria em maiores conflitos mentais.

"

5^2

"

Quando não lhe seja possível criar a grande alegria que alguém lhe solicite, você pode doar a esse alguém o sorriso que menos lhe custa.

"

53

"

Se algum irmão difícil constitui provação em seu caminho, esteja onde estiver, põe especial atenção no serviço que lhe possas prestar. Extingue o foco da antipatia com o antisséptico da oração.

"

54

"

Se erraste, recomeça.

Se caíres, pensa em tua condição de criatura humana, reajusta as próprias emoções e reergue-te para caminhar adiante.

"

55

"

Se queres viver em paz,
Segue os princípios do bem.
Atende ao próprio caminho,
Não penses mal de ninguém.

"

56

"

Todos os seres, todas as tarefas e todas as coisas são peças preciosas na estruturação da vida.

Onde estiveres, faze-te espontâneo para recolher a luz da compreensão.

"

57

"

Grande – é a cultura que ensina.
Maior – é a caridade que socorre.

"

58

"

Se alguém te ofende, perdoa,
Seja na rua ou no lar,
Todos nós, perante a vida,
Somos capazes de errar.

"

59

"

Educaremos, educando-nos.
Não faremos a renovação da paisagem de nossa vida se não nos renovarmos.

"

60

"

Ensinamento profundo
Que na verdade cintila:
Felicidade no mundo
É a consciência tranquila.

"

61

"

Não há progresso sem esforço, vitória sem luta, aperfeiçoamento sem sacrifício, como não existe tranquilidade sem paciência.

"

62

"

Seja na vida particular ou portas adentro de casa, no grupo de serviço a que te vinculas ou na grande esfera social em que transcorre a tua existência, sempre que te vejas à beira do ressentimento ou revide, rebeldia ou desânimo, nunca te entregues à irritação.

Tenta a humildade.

"

63

"

Ama e respeita os companheiros idosos!... São eles as vigas que te escoram o teto da experiência e as bases de que hoje te levantas para seres quem és...

"

64

"

Quinze minutos sem compromisso são quinze opções na construção do bem.

"

65

"

Na senda da evolução, é preciso, efetivamente, aceitar-mo-nos imperfeitos tais quais somos, mas é igualmente necessário não parar simplesmente nisso, e sim, nos melhorarmos constantemente, aprendendo e estudando, trabalhando e servindo.

"

66

"

Pregai vossa fé pelo exemplo.

"

67

"

Conserva a paciência.
Não esmoreças.
Espera o melhor da vida.
Além das obrigações cumpridas, faze algo mais, em favor dos outros.

"

68

"

Aprendamos a corrigir a nós mesmos, segundo os padrões que o Evangelho do Cristo nos apresenta, e o mundo estará corrigido aos nossos olhos.

"

69

"

Quem tem tempo não tem tempo,
Que não tem, age com zelo,
Porque precisa de tempo
E necessita fazê-lo.

"

70

"

Em casa, no grupo de trabalho, na vida social, na profissão, no ideal ou na vida pública, experimentemos sentir, pensar, falar e agir, um tanto mais com o Cristo, e observemos os resultados.

"

71

"

Ninguém vive sem contas. Muito se pedirá amanhã do que hoje recebes.

"

72

"

Em toda parte, estão os agentes da Luz,
   Acrescentando paz às bênçãos de Jesus.

"

73

"

Estendamos nossos braços para a vida e auxiliemos sempre.

O coração nas mãos para iluminar a mente, através do serviço, deve ser a nossa fórmula ideal de ascensão para os cimos da vida.

"

74

"

Não procures, na morte provocada, o esquecimento que a morte não te pode dar.

Não fujas dos problemas com que a vida te instrui.

A vida, como a fizeres, estará contigo em qualquer parte.

Lembra-te sempre: cada dia nasce de novo amanhecer.

"

75

"

Nunca te arrependerás de haver dito uma boa palavra.

"

76

"

Nossas mãos constituem as antenas de amor que, orientadas pelo Evangelho, podem converter a Terra em domínio da luz.

"

77

"

Nos momentos de crise, provação, angústia ou desencanto, cumpre os deveres que as circunstâncias te reservam e jamais desesperes. Lembra-te de que não há noite na Terra que não se dissolva no clarão solar.

"

78

"

Fala construindo.

Não lamentes quem te deixou o caminho, bandeando-se para outras estradas.

Não te detenhas no que passou, senão para fixar alguma lição com que a vida te haja enriquecido a experiência.

"

79

"

Em qualquer circunstância, pensa em Deus.

Mesmo que hajas caído no mais profundo abismo, crê no bem e espera por Deus, porque Deus te levantará.

"

80

"

Perdoa a quem te feriu, recordando quantas vezes temos sido tolerados pela Misericórdia Divina.

"

81

"

Observa teu campo íntimo e acautela-te, porque, sem dúvida, há inúmeras moradas no Universo Infinito, mas viverás na condição de senhor ou de escravo, no templo do bem ou no cárcere do mal, que tiveres escolhido para a própria residência nos caminhos da vida.

"

82

"

Ensina aprendendo.

Haja o que houver, confia em Deus e segue adiante, fazendo o melhor que possas.

"

83

"

Por mais escura que seja a noite, o Sol tornará ao alvorecer. E por mais complicada ou sombria se nos faça a senda de provas, é preciso lembrar que, para transpô-la, todos temos, invariavelmente, em nós e por nós, a luz inapagável de Deus.

"

Praticando
O Evangelho no Lar

Se você gostou da proposta deste livro, de ler pequenos trechos diariamente para ajudar na reflexão de suas atitudes, acreditamos que também irá gostar de ler "O Evangelho Segundo o Espiritismo" e de praticar o Evangelho no Lar.

"O Evangelho Segundo o Espiritismo" nos remete às máximas morais de Jesus, em consonância com os ensinamentos dos Espíritos, proporcionando-nos tranquilidade, paz e felicidade quando seguidas por nós.

Uma obra que nos ensina, estimulando o nosso raciocínio para as verdades da vida, trazendo paz e esperança.

"O Evangelho Segundo o Espiritismo" é o livro base para realizarmos o Evangelho no Lar, pois, através de explicações claras e confortadoras, orienta-nos a reflexão e a reforma íntima, na senda de Jesus, que é a mais absoluta e única maneira de nos libertarmos de todos os sofrimentos que impingimos a nós mesmos.

Além disso, "O Evangelho Segundo o Espiritismo" pode ser lido de maneira continuada ou aberto ao acaso, a qualquer hora ou momento do dia, proporcionando-nos momentos de reflexão e comunhão com os ensinamentos de Jesus. A seguir, breve roteiro para aqueles que desejam implementar o Evangelho no Lar.

COMO FAZER

1. Determinar um dia da semana e um horário específico.

2. Obedecer o horário e estimular a presença dos participantes, a

fim de que os Espíritos tenham um ambiente propício às suas atividades assistenciais nos dois planos da vida.

3. É interessante que todos os membros da família participem, mas nada impede a realização da prática se apenas você se interessar em praticá-la. Procure um local da casa no qual não seja interrompido.

4. É aconselhável que todos se sentem ao redor de uma mesa para participarem do estudo e a consequente permuta de impressões e esclarecimentos sobre o texto enunciado.

5. Disponibilizar um copo com água para cada participante, facilitando, assim, uma fluidificação da mesma de acordo com as necessidades de cada um. A água deve ser bebida somente ao final.

6. A reunião deverá ser iniciada com uma prece, em voz alta, por um dos presentes, expressa de maneira simples, sempre usando o coração, sem a necessidade de frases ricamente elaboradas. Essa prece tem a finalidade de preparar o equilíbrio dos participantes, solicitando que cada um se desligue dos problemas do dia a dia e volte sua atenção e

pensamento para os ensinamentos de Jesus.

7. Em seguida, iniciar a leitura de "O Evangelho Segundo o Espiritismo" abrindo uma página ao acaso, permitindo, assim, que a Espiritualidade possa interagir nesse processo, pelo qual a página escolhida esteja condizente com as maiores necessidades do grupo.

8. Escolher um trecho do Evangelho que não seja longo demais, podendo, inclusive, dividi-lo para ler sua continuação na reunião seguinte. E após a leitura, deixar a palavra

livre, numa sequência combinada, para que os integrantes façam perguntas ou comentem sua interpretação, sempre no sentido de extrair o melhor para a evolução de todos, numa melhoria de seus atos no dia a dia.

9. Não é aconselhável manifestações mediúnicas, tais como comunicações orais de Espíritos, psicografias ou passes, sendo que essas atividades devem ser realizadas nos Centros Espíritas.

10. Nas reuniões do Evangelho no Lar, as atitudes de seus participantes

são muito importantes para que o estudo transcorra em um clima de muita paz e de suaves emanações fluídicas. Por esse motivo, deve-se evitar assuntos que encerrem censuras, julgamentos, comentários daninhos ou inferiores dirigidos a pessoas, a religiões ou qualquer outro tipo de diálogo não edificante.

11. Nada impede que crianças participem, mas, nesse caso, e conforme o assunto, adequar a reunião ao entendimento delas. E essa é uma boa prática porque, aos poucos, e, gradativamente, elas muito irão aprender.

12. E m seguida, faça uma rogativa a Deus, a Jesus e aos Espíritos do Bem, em favor da harmonia do lar e dos familiares encarnados e desencarnados, extensiva também à paz entre os povos;

13. Faça uma prece de encerramento, agradecendo o amparo dos Benfeitores Espirituais. Após a prece, sirva a água fluidificada a todos os participantes.

Bibliografia

As mensagens deste livro, psicografadas por Francisco Cândido Xavier, foram extraídas das obras abaixo descritas, todas da IDE Editora:

ABRIGO, ALMA E LUZ, APOSTILAS DA VIDA, ATENÇÃO, BRILHE VOSSA LUZ, CARIDADE, COMANDOS DO AMOR, COMPANHEIRO, DINHEIRO, ENCONTRO DE PAZ, ENCONTROS NO TEMPO, INDULGÊNCIA, MÃOS MARCADAS, MÃOS UNIDAS, NO PORTAL DA LUZ, SEMENTE, SERVIDORES DO ALÉM, TEMPO DE LUZ, TRILHA DE LUZ, VIAJOR, VISÃO NOVA, E DOS ANUÁRIOS ESPÍRITAS DOS SEGUINTES ANOS: 66, 67, 69, 70, 72, 73, 74, 75, 76, 77, 79, 80, 81, 82, 83, 84, 85, 87, 90.

idelivraria.com.br

Pratique o "Evangelho no La

Aponte a câmera do celular e faça download do roteiro do **Evangelho no lar**

Ide editora é nome fantasia do Instituto de Difusão Espírita, entidade sem fins lucrativos.

○ ideeditora   f ide.editora   🐦 ideeditora

◀◀ **DISTRIBUIÇÃO EXCLUSIVA** ▶▶

Av. Porto Ferreira, 1031 | Parque Iracema
CEP 15809-020 | Catanduva-SP
📞 17 3531.4444   🟢 17 99777.7413

○ boanovaed
▶ boanovaeditora
f boanovaed
🌐 www.boanova.net
✉ boanova@boanova.net

Fale pelo whatsapp

Acesse nossa loja